Celebrando A La Gente Reservada: Historias Inspiradoras Para Personas Introvertidas Y Altamente Sensibles

Fénix Tranquilo, Volume 1

Prasenjeet Kumar

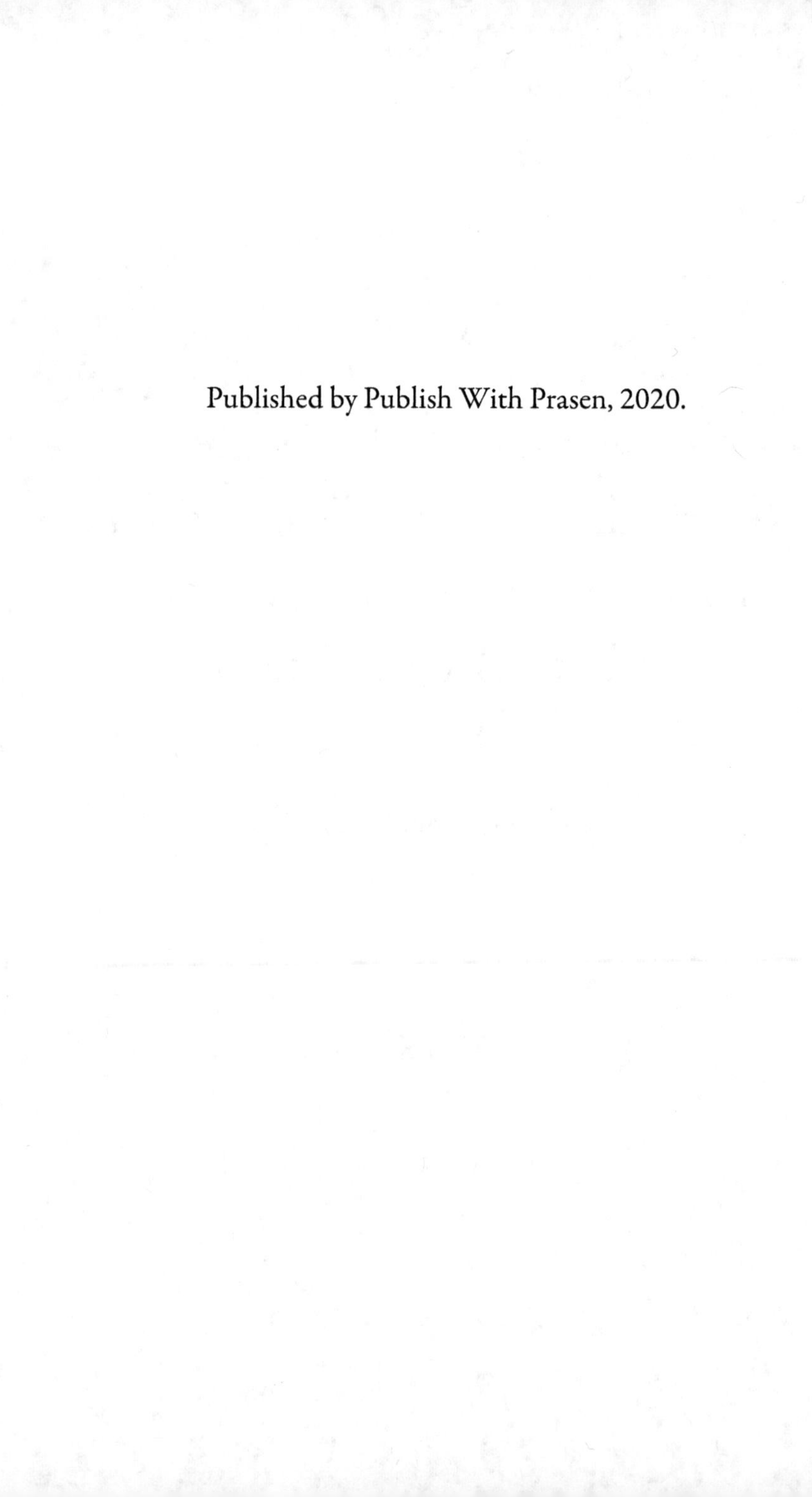

Published by Publish With Prasen, 2020.

While every precaution has been taken in the preparation of this book, the publisher assumes no responsibility for errors or omissions, or for damages resulting from the use of the information contained herein.

CELEBRANDO A LA GENTE RESERVADA: HISTORIAS INSPIRADORAS PARA PERSONAS INTROVERTIDAS Y ALTAMENTE SENSIBLES

First edition. August 27, 2020.

Copyright © 2020 Prasenjeet Kumar.

Written by Prasenjeet Kumar.

Tabla de Contenido

Descargo de Responsabilidad

El autor ha tratado de recrear, cualquier conversación, lugar y evento de sus recuerdos de ello. Para mantener su anonimato en algunas circunstancias, el autor ha cambiado los nombres de individuos y lugares, incluyendo algunos con características identificables y detalles como propiedades físicas, ocupaciones y lugares de residencia.

Una Carta de un Revolucionario Reservado

Querido Lector,

Antes que nada, permíteme agradecerte por elegir este libro de entre un millón de otros y decidir invertir tu precioso tiempo para leerlo.

Este libro está escrito para celebrar las características únicas de las personas altamente sensibles, introvertidas y tranquilas.

Pero por qué alguien escribiría sobre tales personas, te preguntarás.

Así que, déjame explicarte.

Los individuos introvertidos y altamente sensibles a menudo están en desventaja en la sociedad. Los padres, profesores, compañeros de trabajo y jefes se preguntan por qué no son asertivos, abiertos a compartir, suficientemente sociables, tímidos o, en general, faltos de voluntad para responder a un ataque. Se les acusa de no ser jugadores en equipo. Los abusivos (tanto en la escuela como en el trabajo) piensan que son fáciles de convencer.

Aun así, nadie debería afirmar que los introvertidos no tienen fuerza alguna. Después de todo, muchas personalidades eminentes como Abraham Lincoln, Albert Einstein, Walt Disney e incluso J.K. Rowling fueron introvertidos.

De hecho, leyendo muchos libros de psicología (incluyendo El Poder de los Introvertidos en un Mundo Incapaz de Callarse de Susan Cain) me hizo darme cuenta de mi potencial único y mis poderes (o súper poderes, podría decir) de los que hace solo unos años no era consciente.

Esto resultó en la escritura de la serie Quiet Phoenix. El tema de la serie consistía en que, tal como el ave Fénix tiene el potencial de renacer literalmente de las cenizas, así los introvertidos tienen el poder de superar cualquier situación difícil.

Usemos una fórmula para comprender esto:

Reservado (personas introvertidas o altamente sensibles)

+

Fénix (o la habilidad de levantarse de las cenizas)

=

Fénix Reservado

Este libro contiene 8 historias cortas basadas en el mismo tema de Quiet Phoenix. He intentado hacerlo tan interesante como lo más legible posible. Es, en verdad, mi labor hacer que NINGUNO de mis libros en estas series suenen como libros de texto de psicología.

Así que siento decepcionar, por lo tanto, si estás buscando algo que suene superior, pre-cocinado, o súper pseudo-psicológico.

Todas las historias son profundamente motivadoras e inspiradoras. Nos cuentan sobre cómo estos famosos introvertidos superaron, con resolución de acero, los más difíciles retos en su camino. Por encima de todo, estas historias subrayan la importancia del trabajo duro, la persistencia, la auto-disciplina, y tener una visión de una rica imaginación con que todas las personas reservadas, afortunada y naturalmente, están dotadas.

Sinceramente espero que estas historias te den el valor de perseguir tus sueños y ambiciones, sin importar cuán "extravagantes" puedan parecer a los demás.

¡Te deseo todo lo mejor aunado a una experiencia de lectura placentera!

Sinceramente,

Prasenjeet Kumar

I: ¿Los Introvertidos Son de Bajo Rendimiento?

La mayoría de las sociedades, ya sean occidentales u orientales, valoran la extroversión como un ideal en sí. Las personalidades "Exitosas" son consideradas como 'intrépidas, asertivas, las que toman el escenario y compañeros poderosamente simpáticos'.

Los introvertidos son, a menudo, mal comprendidos. En casa, los padres se preocupan si su tranquilo hijo está pasando demasiado tiempo solo, soñando mientras que el mundo real opera por medio de socialización e interconexión por redes. En la escuela, los profesores suponen que si un chico está dudando al responder preguntas, ese chico debe estar presentando algún tipo de discapacidad social o de aprendizaje. En el trabajo, los introvertidos son considerados no tan buenos 'jugadores en equipo' y faltos de entusiasmo e iniciativa.

En esta parte, presento algunas historias para deshacer este mito; y re-enfatizar que los introvertidos están dotados de fuerza y persistencia, trabajo duro, creatividad, auto-disciplina, un tino para el auto-estudio, elevada inteligencia emocional y una rica imaginación.

¿Puedes creer que algunos de los más famosos personajes del mundo fueron introvertidos? Con seguridad, no. Entonces sigue leyendo las siguientes páginas para descubrir más.

Historia Verdadera De Una Introvertida Cuya Rica Imaginación La Llevó A Un Éxito Fenomenal

Joanne amaba leer libros de fantasía siendo una niña pequeña e incluso trató de escribir algunas historias cortas. Como típica introvertida, tenía una rica imaginación. Magos, magia y hechicería formaron parte de su mundo. Pensó que debería ser novelista. Pero venía de un ambiente pobre. Sus padres querían que tomara un curso vocacional—-un curso que pudiera empoderarla para asegurar un trabajo real en el mundo real.

"Tu imaginación hiperactiva es buena para divertir a la gente pero no es suficiente para pagar una hipoteca o asegurar una pensión, mi pequeña, "le decían sus padres.

Los padres de Joanne estaban siendo prácticos. Después de todo, no hay nada noble en la pobreza.

Joanne amaba su mundo de fantasía. Ese universo que era parte de ella. Dejar ese mundo era tan traumático como separarse de los que se ama, de los seres queridos.

En la universidad, los padres de Joanne querían que estudiara algo "útil" mientras que ella quería estudiar Literatura Inglesa. Joanne no quería decepcionar a sus padres. Así que estuvo de acuerdo en decidirse por un grado en lenguas modernas. Sin embargo, en el último momento, se enroló en una clase en

Clásicos sin informar a sus padres sobre su repentino cambio de decisión.

La vida en la universidad era todo un mundo diferente. Un mundo en que los estudiantes estaban ocupados asistiendo a clases, seminarios y preparándose para tutoriales. Algunos se preocupaban por sus carreras luego de la graduación. Algunos simplemente estaban en fiestas y divirtiéndose. Pero Joanne pasaba su tiempo principalmente en cafeterías escribiendo historias y en ocasiones, ni siquiera asistía a las lecciones. Con fortuna pasó sus exámenes.

A mediados de sus veintes, tomó empleos secretariales. Luego se casó y tuvo una hija. Durante los almuerzos, su gusanito por la escritura no la abandonaba. Sus empleadores se dieron cuenta de que Joanne no estaba poniendo atención en el trabajo. Como resultado, perdió su empleo numerosas veces.

Tristemente, Joanne también había tuvo un matrimonio fallido. Su mundo se estaba viniendo abajo por doquier. No parecía haber esperanza. Estaba miserablemente sola con un matrimonio excepcionalmente corto, sin empleo, una madre solitaria con una hija a quien cuidar, y tan pobre como fuera posible en el moderno Reino Unido, "sin estar en la calle." Los miedos que sus padres alimentaron en ella, y que siempre tuvo, se volvieron realidad. Se sintió como el peor fracaso de cualquier estándar.

Joanne incluso contempló el suicidio. Parecía que nada había en el horizonte en este mundo.

Sin embargo, decidió tomar total control de su vida. Una falta de éxito le había enseñado cosas que nunca supo sobre ella misma.

El fracaso la hizo descubrir su verdadero yo. Le dio una seguridad interna que no venía de aprobar exámenes universitarios. Joanne se dio cuenta de que tenía una voluntad más fuerte y más disciplina de la que nunca imaginó que tenía, que son también las fuerzas clásicas de un introvertido. Además, tenía una vieja máquina de escribir y una historia que contar al mundo.

Joanne dejó de creer que nada podía hacer mejor que ganarse la vida con un empleo diurno. Dejó de reprimir su propio ser creativo que supuestamente no tenía utilidad alguna en el 'mundo real'.

Un día, en un viaje en tren de Londres a Manchester y de regreso, Joanne creó una historia de un niño mago en su mente. Creyó que sería una buena historia para dormir para su hija. Joanne tenía una pluma que no funcionaba y era demasiado tímida para pedir otra.

Fue años después que llegó a escribir esa historia completa, pasando la mayoría de su tiempo en un café. Los propietarios no querían que ella pasara todo el día escribiendo a mano mientras solamente ordenaba una taza de café. Pero Joanne ignoró las miradas de desaprobación y siguió trabajando.

Algunos años después, Joanne terminó su manuscrito. Había escrito 700 páginas a mano y luego las mecanografió. Ahora tenía que enviar el libro a editores.

"Las historias para niños no tienen mercado," se le dijo en su propia cara. Su manuscrito fue rechazado una y otra vez por doce editores. Era muy fácil darse por vencido en ese punto. Joanne nunca había tenido éxito alguno en la vida. Parecía que su vida entera era un error.

Sin embargo, Joanne persistió. Envió su manuscrito al editor número 13.

Luego de un año, su historia de magia finalmente encontró un hogar en *Bloomsbury*. Se le concedió un adelanto. Su editor le aconsejo mantener su empleo, ya que no había suficiente dinero en la "literatura infantil," como todos habían dicho.

La primera impresión de su libro consistía en 1,000 copias, 500 de las cuales fueron enviadas a librerías. Hoy, esos 1,000 libros originales valen entre $16,000 y $25,000 dólares, cada uno. A comienzos de 1998, una subasta se llevó a cabo en los Estados Unidos por los derechos de publicación del libro. *Scholastic Inc* ganó y pagó a Joanne $105,000 dólares. El libro fue publicado en los Estados Unidos. El dinero de las ventas en los Estados Unidos posibilitó que Joanne y su hija se mudaran a un nuevo hogar.

Su libro atrajo a millones de fanáticos de todo el mundo, independientemente de la cultura o la nacionalidad, de que fueran niños o adultos. Se convirtió en la primera persona en volverse billonaria por sus libros.

En el 2006, Joanne publicó el séptimo y último libro de la serie que vendió más de 400 millones de libros a nivel mundial. Sus libros han sido traducidos en 65 idiomas diferentes.

La paciencia, persistencia e inquebrantable fe en sí misma hizo más que redituarle, al final. Ahora vive felizmente casada y tiene un hijo y una hija.

Sí, adivinaste.

Por supuesto que estoy hablando de la famosa J.K. Rowling. Su primer libro, la historia de un niño mago, era Harry Potter y la Piedra Filosofal. Hoy, la marca Harry Potter, junto con la franquicia de las películas, valen billones de dólares.

En un artículo, J.K. Rowling agradeció a su introversión por la creación de la serie de Harry Potter.

Alimento para la mente: ¿Sabías que se supone que los introvertidos son más persistentes y pacientes que sus contrapartes, los extrovertidos? Especialmente cuando aparecen obstáculos.

Un Estudiante De Leyes Callado Vence A Sus Más Elocuentes Colegas De Debate

John era joven reservado de 17 años que apenas había terminado la preparatoria. Tenía el sueño de convertirse en abogado.

En la escuela, John era simplemente demasiado e indeciso para participar en los debates. Pero John amaba ver los debates. A menudo se sorprendía al descubrir cómo sus compañeros en la escuela eran tan elocuentes que podrían, literalmente, responder a cualquier pregunta al momento sin parpadear o podrían defender cualquier postura, en apariencia insostenible, con gracia.

John, por otro lado, era lento para reunir sus ideas. Sin embargo, John amaba el drama de la corte y siempre fantaseaba con ser el centro de toda atracción. Fue esta fantasía que llevó a John a unirse a la Facultad de Leyes de la *University College London* (UCL), una de las más prestigiosas escuelas de leyes en todo el Reino Unido. John tenía buenas notas en la preparatoria y una sorprendente habilidad para el razonamiento lógico lo que le llevó a pasar el LNAT (Siglas en inglés del Examen Nacional de Aptitud en Leyes), equivalente al LSAT en los Estados Unidos., con cómoda facilidad.

La UCL era un sueño hecho realidad para John. La Universidad tenía reputación para producir fantásticos 'debatientes' que regularmente ganaban todas las competencias nacionales e internacionales de debate. El debate es una situación de corte fingida en la que los estudiantes de leyes argumentan casos ficticios en frente de un "juez".

Los estudiantes son evaluados en base a su elocuencia, su habilidad para presentar argumentos y, sobre todo, ¡la etiqueta de la corte! Esto también, más bien ridículamente, significaba que los estudiantes señalaran al juez como "Su Señoría" o "My Lord/ Lady" (etiqueta británica de corte) en lugar de usar un simple "tú" (recuerda que el juez no es tu amigo).

La Competencia de Debate Junior siempre tenía lugar cada año al comienzo del nuevo ciclo escolar de manera que los estudiantes de primer año pudieran comprender de qué se trataba el debatir antes de inscribirse. John también se unió para ver la ronda Final de Debate.

Había cuatro estudiantes, todos ellos se veían nerviosos. El juez en la ronda final era un juez real, lo que significa que era un verdadero juez de nivel de la corte del distrito. Decir que el juez era despreciable sería un eufemismo. Solía, literalmente, disparar muchas preguntas, la mayoría incomprensibles. Destrozaba y acababa todos los argumentos presentados por estudiantes de leyes razonablemente competentes. Hizo hablar a algunos estudiantes excepcionalmente rápido y algunos tartamudeaban. Para John, la experiencia fue tanto aterradora como emocionante.

Luego de finalizada la Competencia de Debate y los ganadores fuesen anunciados, a los estudiantes de primer año se les pidió inscribirse para la Competencia de Debate Junior. La lista de inscritos fue puesta en el corredor principal de la Bentham House, que es otro nombre para la Escuela de Leyes de la UCL. La Escuela fue nombrada así por Jeremy Bentham, el famoso filósofo utilitarista, un abogado y fundador de la UCL.

John lentamente se movió hacia el corredor. Algunos estudiantes se veían emocionados mientras que otros parecían un poco nerviosos. Había una batalla en el interior de la mente de John.

"No soy un buen orador. Soy lento para reunir mis pensamientos. Además, nunca he participado en audiencias públicas. No tengo la experiencia necesaria."

"No John, espera. Ésta es tu oportunidad para probarte que estás equivocado. Tienes una buena habilidad para el razonamiento lógico. ¿Por qué no intentarlo?

"¿Y qué si hago el ridículo en público?"

"¿Por qué pensar así? ¿Por qué no piensas que puedes impresionar a los jueces y a tus colegas? Después de todo, siempre fantaseas sobre ser el centro de atención. Ésta podría ser la oportunidad que estabas esperando. ¡No seas un mariquita!"

"¡No soy un mariquita! Al diablo contigo."

John sacó su pluma y con sus manos temblando un poco, escribió su nombre en la lista de inscritos. Luego de ello, a John se le dio una hoja de papel con el caso ficticio que se suponía que defendería.

John tomó el pedazo de papel para leerlo. No podía creer lo que veía.

"Bill y Cris eran grandes amigos. Una noche, ambos decidieron visitar el pub Blue Ox. En su camino de regreso, Cris pidió un aventón a Bill ya que éste conocía el camino en la oscuridad. Bill estuvo de acuerdo. Mientras conducía, Bill comenzó a ver gatos rosas en el camino. Temiendo que pudiera golpear a los gatos rosas, se desvió bruscamente en un trecho claro y golpeó el divisor. El carro fue a dar a un descanso a mitad del carril. Cris saltó inmediatamente por la ventanilla y sufrió devastadoras heridas. Un camión venía en la dirección opuesta. Ambos vehículos chocaron. Bill también sufrió heridas que requirieron de hospitalización. Cris decidió demandar a Bill por conducción alcohólica negligente. El tribunal de Primera Instancia adjudicó los daños en favor de Cris y ahora Bill apela en el Tribunal de Apelación."

Se suponía que John debía argumentar en favor de Bill, el "conductor ebrio."

« ¡Éste parece un caso de carpetazo!» John pensó para sí.

« ¿Cómo es que alguien pueda defender a un conductor culpable de beber y poner la vida de su amigo en peligro?»

A John se le dieron 15 días para preparar la corte ficticia. Esbozos de argumentos tuvieron que ser enviados a los jueces un día antes del simulacro de juicio.

John quería echarse hacia atrás desesperadamente, pero era demasiado tarde. Luego, una voz en su cabeza le habló:

14

« Convéncete a ti mismo primero de que Bill no es culpable antes de convencer a otros.»

Siguiendo a esta voz, John decidió aceptar el reto. Podía pasar por alto a sus otros colegas que fanfarroneaban sobre que el caso ficticio era pan comido mientras representaban a Chris, el pobre tipo que se fracturó sus dedos.

Cada noche luego de terminar sus lecciones, John se sentaba en la Biblioteca de Leyes por horas reflexionando sobre más y más casos. Nada parecía apoyarlo. Todos los casos afirmaban solamente que el conductor tiene un "deber de cuidado" para con su pasajero; significando que es responsabilidad del conductor asegurar que el pasajero a su cuidado esté seguro todo el tiempo.

« ¿Qué argumentos puedo dar?» John siguió preguntándose.

« ¡Que estaba bien emborracharse o salir de fiesta pero podría sonar como un tonto!»

« ¿Algún argumento en política pública...?»

« Dios mío, no deberías conceder daños a favor de Chris porque al hacerlo paralizarías la industria de cerveza y whisky, algo a lo que los Británicos son tan aficionados... »

— ¿Qué demonios te pasa, John? Ese es el argumento más estúpido que he escuchado—, John se dijo a sí mismo.

Los días pasaron y la frustración de John crecía.

—Tiene que haber una manera—, John trató de exhortarse.

Quedaba ahora solamente un día antes de la simulación de corte. El bosquejo de argumentos tenía que ser enviado a los jueces vía e-mail.

Sí, ¡jueces! Éste era un juicio de Corte de Apelación, lo que significaba que iba a haber tres jueces presidiendo en la simulación de juicio de corte.

¡Tres jueces! John estaba asustado por uno, pero ahora iba a haber tres tipos de preguntas siendo disparadas, haciendo ver a John como un completo idiota.

John, como de costumbre, estaba meditando sobre el caso sentado en la Biblioteca de Leyes. Estaba exhausto pero no dispuesto a rendirse. En los previos 14 días, había leído mucho, mucho más que sus contrapartes.

John se levantó de su asiento para encontrar otro Reporte de Leyes y accidentalmente tiró uno al piso. Cuando lo levantó para ponerlo de vuelta a los estantes, vio que contenía un caso que lidiaba con una materia dentro de su área de estudio de leyes.

John comenzó a leer el caso con curiosidad. Sus ojos se encendieron un poco.

« Quizás este caso podría ser de alguna importancia para mí pero no estoy seguro.»

John leyó el caso ficticio una vez más. Se sorprendió al descubrir un importante hecho que había, totalmente, pasado por alto. Un hecho que podía salvar al cliente ficticio de John.

John volvió a su asiento y comenzó a esbozar su argumento. Había terminado en una hora y rápidamente envió por correo su argumento a los jueces desde una de las computadoras de la Biblioteca.

Corrió de regreso hacia el Hall de su Residencia estudiantil. Ahora venía la preparación del discurso. El miedo de John a hablar en público volvió para acosarlo.

« No soy tan elocuente como mis otros compañeros», John estaba sumido en dudas.

Sin embargo, John sabía que, a cambio, estaba dotado con el poder de la preparación y la perspicacia, un poder que podía ejercitar subconscientemente. John volvió a su habitación a las 8:30 en la noche. Tenía que hacer algo con su preparación del discurso.

John primero escribió todos sus argumentos en un papel, a mano. Luego se puso de pie ante el espejo sosteniendo ese papel y comenzó a ensayar a la manera que hacen los actores.

Al principio, John se sintió extraño. Hablarse a sí mismo en un espejo no era una experiencia muy placentera.

—Ssssssssi me permite su Señoría...— John tartamudeó.

No le gustaba escuchar su propia voz que era lejos de ser perfecta. John se dio cuenta que estaba nervioso y que tartamudeaba un poco. No podía dar esta impresión a los jueces en la Sesión de debate de la Corte.

La estancia parecía magnífica, como una típica corte con asientos de piel café y rojo, paredes con paneles de madera y candelabros colgando del techo. El estrado, en que los jueces se sentarían, estaba colocado en una elevación de manera que pudieran mirar hacia abajo a todos los demás con altanero desdén.

Lentamente todos comenzaron a llegar, incluyendo el colega de John que argumentaba para la parte opuesta y el escribano de la Corte. Todos tomaron sus asientos y organizaron sus documentos. Los jueces entraron en la corte exactamente a las 7:00 p.m. Cuando el escribano anunció —Todos de pie —, todos lo hicieron.

Los jueces comenzaron con el demandante, que en este caso era colega de John. Los jueces parecían extremadamente aburridos. John solamente agradecía que no fuera el primero en hablar. El oponente de John se presentó a sí mismo y a John primero, explicó los hechos breves del caso y lo que era la ley y luego de eso comenzó a exponer sus argumentos (llamados acatamientos).

John había anticipado correctamente los argumentos de su oponente. Su "docto amigo" dio el argumento estándar 'deber de cuidado' de que su cliente (Chris) sufrió heridas debido a la conducción negligente de Bill y que, como conductor del vehículo, era la responsabilidad de Bill asegurar la seguridad de Chris.

Los jueces asintieron concordando. El "docto amigo" de John había hecho un buen trabajo haciendo que el caso sonara un simple escenario de carpetazo.

Ahora, era responsabilidad de John abrir dudas en un caso que parecía ya a favor de una parte. John se levantó a hablar, con mariposas en el estómago.

—Sus Señorías, mi cliente Bill no es responsable de pagar los daños. Esto es debido a que el cliente de mi docto amigo, Chris, sufrió heridas al decidir saltar fuera del carro en pánico. De no haber hecho eso, él no tendría esas heridas —.

Dijo John.

—Sr. John, ¿ha olvidado usted que Chris anticipó una colisión proveniente de un camión en la dirección opuesta? — Intervino uno de los jueces de manera áspera.

—Su Señoría tiene un punto pero los hechos no indican que Chris esperaba una colisión. De hecho, el carro acababa de ir a dar a la mitad de la vía. No es claro por qué Chris percibió un peligro inminente antes de actuar en pánico. Esto significa que Chris pudo haber evitado esas heridas si no hubiera entrado en pánico y saltado fuera de la ventana —, John persistió.

Los jueces tomaron una pausa y leyeron los hechos nuevamente. Parecían un tanto confundidos.

—Sr. John, ese es un argumento muy débil. Cris sufrió heridas incapacitantes debido a la mala conducta de su Cliente. Chris actuaba razonablemente y con precaución cuando decidió dar ese peligroso salto para evitar la colisión—, dijo uno de los jueces.

En este momento, John se dio cuenta por qué los jueces dudaban en aceptar sus argumentos. No había sistema legal en el mundo que tomara la conducción bajo ebriedad tan a la ligera. Así que John decidió tomar un enfoque diferente.

—*My Lords*, esto significa que Chris aceptó el obvio riesgo de la herida. Él podía, fácilmente haber tomado un taxi de regreso a casa, lo que es algo que todo hombre razonable hace luego de una o dos pintas de cerveza— dijo John.

Los jueces y los oponentes escuchaban con mucho cuidado.

—Sr. John, ¿Qué está usted tratando de probar? — inquirió el juez.

—Esto significa, *my Lords*, que el cliente de mi docto amigo no estaba actuando de manera responsable. Primero hizo que mi cliente se emborrachara y luego aceptó que lo llevara sabiendo muy bien que estaba ebrio. El cliente de mi docto amigo era, por lo tanto, único responsable de poner su propia vida en riesgo, — dijo John.

—Sr. John, ¿tiene usted algún caso que apoye su declaración? —, los jueces ahora querían concluir.

—Sí, *my Lords*— dijo John y tomó una copia del caso que accidentalmente había visto al tomar el Reporte de Leyes que se había caído al piso.

John extendió una copia del juicio a los jueces y les pidió ir a la página seis. Los jueces ajustaron sus anteojos para leer.

— ¿Sus Señorías desearían un breve resumen de los hechos del caso? — preguntó John.

—Sí, por favor— dijeron los jueces.

—En este caso, un hombre estuvo de acuerdo con que un piloto lo llevara en su vuelo sabiendo muy bien que el piloto estaba ebrio. Poco después de despegar, la aeronave chocó y el piloto murió. El hombre estaba severamente herido y decidió demandar al piloto muerto. Su demanda fue rechazada por la misma corte fundamentando que el hombre sabía que el piloto estaba ebrio. El hombre, por lo tanto, aceptó todo el riesgo de dañarse seriamente. El piloto no fue considerado negligente, my *Lords* — dijo John.

—*My Lords,* los hechos en el presente caso no son muy diferentes de este juicio. La misma regla debería aplicar— agregó John.

Los jueces miraron el documento y luego a John, sorprendidos.

—Muy bien, Sr. John. Ahora necesitamos tiempo para considerar el asunto. El caso es denegado, — los jueces dijeron y se dirigieron a la cámara adjunta a la corte.

Había mucha emoción. ¿Quién iba a ganar y quién iba a perder esa noche?

Luego de diez minutos, los jueces volvieron a la corte de debate.

—Luego de escuchar cuidadosamente a todas las sumisiones hechas por ambas partes, y estrictamente en apego a la ley, hemos llegado a la conclusión de que Bill NO fue negligente— los jueces anunciaron su veredicto.

El rostro de John se encendió. Su oponente parecía sorprendido y decaído.

Los jueces en su retroalimentación dijeron a John que su desempeño fue el mejor del que hubieran escuchado en mucho tiempo. La meticulosa preparación y perspicacia de John tuvieron su recompensa. Había leído extensamente sobre la materia y había anticipado todos los argumentos de sus oponentes.

Un tímido y callado estudiante de leyes acababa de usar sus dotes de introversión (por ejemplo, extensa preparación) para ganar la Competencia Junior de Debate.

"Cualquiera puede lograr su máximo potencial, quienes somos puede estar predeterminado, pero el camino que seguimos es siempre de nuestra propia elección. Nunca deberíamos permitir que nuestros miedos o las expectativas de los demás pongan fronteras a nuestro destino. Tu destino no puede cambiarse pero, se puede poner a prueba..."

-Martin Heidegger

(Esta historia verdadera está basada en mi propia experiencia en debate en la UCL donde tuve el privilegio de estudiar Leyes de 2005 al 2008 para lograr mi grado LLB con honores.)

Abraham Lincoln usa su introversión como una fuerza para volverse el más grande líder de todos los tiempos

En la Gestión Empresarial, siempre se enseña que los líderes deberían ser del tipo "audaz", "asertivo," "carismático" y "vehemente", que deben poseer la habilidad de llevar a las multitudes con ellos. Existe también una cierta incomprensión acerca de los introvertidos; por ejemplo, aquellos que hablan suavemente, que se agobian por reuniones sociales y que trabajan en silencio, no pueden ser líderes efectivos.

La historia demuestra lo contrario. Los introvertidos tienen algunos dones especiales que, bien usados, pueden hacerlos tan efectivos como, o en algunos casos incluso con mejor desempeño que, sus contrapartes extrovertidos.

Abraham Lincoln es el primer ejemplo de cómo los introvertidos pueden utilizar su fuerza interior para volverse los mejores líderes de todos los tiempos.

Lincoln nació en miserable pobreza. Su padre apenas tenía la habilidad de leer y escribir. Su madre era sólo un poco mejor. De modo que Lincoln había aprendido a leer y escribir con su madre.

Lincoln fue golpeado por tragedia tras tragedia. Su madre murió debido a la enfermedad de la leche (una enfermedad que prevaleció en el siglo XIX en América y se debió al envenenamiento de leche de vaca luego de que la vaca comiera una planta llamada ageratina), cuando solamente era un niño. Lincoln perdió a su hermano y hermana también siendo joven.

Se dice que los introvertidos están hechos para ser más persistentes que sus contrapartes extrovertidas, y Lincoln era el ejemplo perfecto. Su historia de fracasos es bien conocida y es a menudo repetida para motivar a otros a nunca darse por vencidos. Lincoln perdió un empleo, fracasó en los negocios dos veces, fue vencido en elecciones ocho veces, cayó en bancarrota e incurrió en una deuda que le llevó cerca de diecisiete años pagar, sufrió una crisis nerviosa y estuvo en cama por seis meses. Y tuvo que lidiar con la pérdida de la mujer que profundamente amó (Anne Rugledge).

La lista de sus fracasos no termina ahí y, si fuera a enlistarlos todos, estoy seguro de que ocuparían varias páginas. Sin embargo, la más grande lección que uno puede aprender es que Abraham Lincoln nunca se dio por vencido. Podía haberse considerado fácilmente alguien "desafortunado" o que estaba destinado al fracaso.

Pero Lincoln no dejó que su destino fuera dictado; en lugar de ello, él dictó su propio destino al convertirse en el más grande Presidente que América haya visto.

De cualquier manera, había más sobre Lincoln que su actitud de "nunca rendirse". Era de naturaleza modesta y humilde. Desde que era muy joven, Lincoln fue descrito como "tratable", "sonriente", "tierno y cálido", "simple y sincero", y "puro", todas las cualidades que son naturales en los introvertidos.

Lincoln era el hombre que 'no se ofendía por la superioridad', como Ralph Waldo Emerson una vez escribió. En otras palabras, Lincoln no actuaba de manera autoritaria, mandona, ni consideraba a sus pares o subordinados como peste. El portavoz de la Casa, Schuyler Colfax, una vez remarcó, "Ningún hombre, investido con tan alto poder lo empuñó de manera tan tierna y tranquila". Con su modesta personalidad, Lincoln pudo ganarse a todos –amigos, adversarios, aliados, enemigos o al pueblo común.

Lincoln también fue empático y compasivo, otro don de la introversión. Algunos han dicho que la niñez difícil de Lincoln lo hizo más sensible hacia los demás. Es verdad que Lincoln, como ningún otro ser humano, tuvo severos ataques de depresión, pero él canalizó su depresión en compasión y amor hacia los demás.

Durante la guerra, él viajó largas distancias para visitar soldados en el campo de batalla. De esta manera, se ganó el respeto y el apoyo no mitigado de los soldados que creyeron que había alguien que reconocía su contribución y sacrificio. Un soldado incluso escribió una carta a los miembros de su familia diciendo: *"La sonrisa cálida de Lincoln era un reflejo de su corazón honesto y amable; pero más aún, bajo la superficie de ello... estaban los inequívocos signos de la preocupación"*.

A pesar de toda la amargura que le rodeaba, Lincoln nunca desacreditó a los sureños por practicar la esclavitud, algo en lo que Lincoln estaba personalmente en contra. La famosa cita: *"Ellos (los sureños) son solamente lo que nosotros seríamos en su situación. Si la esclavitud no existiera entre ellos, no la introducirían. Si, en cambio, existiera entre nosotros, no estaríamos tan fácilmente dispuestos a aniquilarla...",* ejemplifica su empatía hacia los sureños.

De esta manera, se vuelve obvio que un gran líder debe tener empatía hacia sus empleados, pares y adversarios si desea tener éxito.

Los introvertidos tienen un tino para el auto-aprendizaje, y así lo tuvo Lincoln. Él era su propio gurú. Nacido en la pobreza, Lincoln tuvo muy poca educación formal. Sin embargo, esto no le impidió adquirir educación. Otros niños solían practicar escribir en papel, pero no había papel en la casa de Abraham. Así que practicó la escritura y las matemáticas en el dorso de una cuchara de madera, usando carbón como lápiz.

Lincoln dominó la gramática, el idioma y la expresión todo por su cuenta. Aprendió matemáticas, incluyendo geometría y trigonometría, todo por sí mismo. Practicó el discurso público en frente de sus amigos y diligentemente estudió a Shakespeare. Incluso, una vez dijo a un estudiante: *"siempre ten presente que tu propia resolución para tener éxito es más importante que cualquier otra cosa".*

Durante sus días como abogado, Lincoln se reunía con sus amigos por las tardes y se entretenían haciendo concursos de contar historias. También aprendió los oficios de barquero, comerciante, empleado, jefe de correos, topógrafo y abogado del pueblo antes de ser elegido congresista de los Estados Unidos en sus treintas. Ha sido descrito como un abogado autodidacta que leyó una y otra vez los Commentaries de Blackstone hasta que los comprendió por completo.

La autora Jennifer Kahnweiler incluso llama a Abraham Lincoln un *"geek"*, queriendo decir que era alguien que poseía un profundo conocimiento sobre un tema. Lincoln fue el más buscado abogado de patentes y derechos de autor en Illinois. Incluso tuvo profundo conocimiento sobre la conducta de los votantes. Es decir, tuvo una firme comprensión de los patrones de votos, el número de votantes y las tendencias.

No es de sorprender que Abraham Lincoln fuera uno de los más grandes líderes en caminar por el planeta. Si te has convertido en un líder en tu organización, comprométete a una vida de auto-disciplina y aprendizaje. De nuevo, los introvertidos tienen ventaja aquí, más que sus contrapartes los extrovertidos.

Los introvertidos son considerados más receptivos a las ideas. Son accesibles, y se consideran más dispuestos a escuchar e implementar nuevas sugerencias que los extrovertidos que usualmente se dejan llevar por "poner su propio sello". Esto era cierto en Abraham Lincoln.

Fue considerado un oyente maestro que escuchaba los puntos de vista en conflicto y las oposiciones. La gente era libre de discordar con él sin esperar forma alguna de represalia. Lincoln promovía una atmósfera de diálogo abierto que era necesaria durante la Guerra Civil. Los ejecutivos también pueden modelar su conducta basados en Lincoln, y es aquí donde los introvertidos pueden simplemente trabajar en sus fortalezas y adquirir inspiración de Lincoln.

Abraham Lincoln también fue apasionado en su trabajo. Tenía una visión clara. Creía sinceramente que tenía un propósito que cumplir. *"Cada hombre tiene su ambición peculiar"*, escribió una vez. *"Yo no tengo una más grande que la de ser verdaderamente estimado por mis compañeros hombres, al presentarme como digno de su estima"*.

Lincoln actuó con este profundo compromiso y pasión en su trabajo más que mostrar su poder como Presidente de los Estados Unidos. Su motivación de vida fue erradicar la esclavitud completamente de su país de una vez por todas. Lincoln pudo convencer a otros sólo porque creía en su noble causa. No iba tras poder o dinero.

"Su discurso llegó al corazón porque venía del corazón", reportó Horace White. La compasión de Lincoln por otros lo hizo destacar como un gran líder benevolente. También se ha observado que, como Lincoln, los introvertidos también se desempeñan mejor si verdaderamente se preocupan por una materia que por la posibilidad de cualquier otra recompensa en forma de poder o dinero.

En las sesiones corporativas, los introvertidos son a menudo criticados por ser lentos al tomar decisiones y por pensar antes de actuar. Pero Lincoln también fue una persona que meditaba. Él nunca tomó una decisión arrebatada. Genuinamente creyó que: *"para ganar un hombre a tu causa, debes primero llegar a su corazón, la gran autopista hacia su razón"*. En muchas ocasiones solía contar historias para ablandar los sentimientos y disipar ansiedades. Lincoln actuaba con consciencia. Por esto su audiencia podía conectar con él de manera tan profunda.

Suficiente prueba para demostrar que los introvertidos pueden convertirse en líderes dotados.

"Que algunos logren un gran éxito, es prueba de que todos los demás también pueden lograrlo".

—**Abraham Lincoln**

II: Enfrentarse a los abusivos –a la manera tranquila

Los que molestan vienen en todas formas, figuras y tamaños. No solamente están limitados a las escuelas sino que pueden estar presentes en el lugar de trabajo, en las relaciones de pareja, entre "amigos", de hecho, casi en cualquier lugar. A menudo se dice que los abusivos eligen a las personas reservadas por la creencia de que una persona sensible y callada no tendría el valor o voluntad de responder al ataque.

Una manera de lidiar con el abuso es aprender a actuar igualmente agresivo. Sin embargo, te presentamos unas cuantas historias cortas en que dos personas calmas, en diferentes circunstancias, evitaron el uso de la agresión para pacificar a los abusivos.

En lugar de ello, sacaron fuerza de sus personalidades tranquilas.

Un Entrenador se enfrenta a su jefe abusivo en un mundo de leyes corporativo

PK era joven, callado, trabajador, altamente entusiasta y Socio en una firma corporativa en Delhi. Su trabajo era consistente, de alta calidad, y muchos de sus jefes y colegas apreciaban su ética laboral profundamente.

Un día, se le pidió asistir al Sr. Black Horse, un Socio Senior (y técnicamente el jefe de PK), de la oficina de Mumbai de la misma firma. El Sr. Black Horse había venido a trabajar en una transacción de la corporación en Delhi.

Un hombre ligeramente alto de alrededor de cinco pies y diez pulgadas de estatura (1.77 mts.) El Sr. Black Horse llevaba gafas de montura. Sus brazos y piernas eran delgados, y para nada atléticos. Había desarrollado una considerable barriga que era bastante reveladora cuando usaba una camiseta los días sábados, el día en que los colegas de oficina solían vestir de manera informal. En conversaciones casuales, siempre hablaba de ir al gimnasio (un comentario no-serio típico entre los corporativos), pero dada su desproporcionada psique, no parecía que alguna vez se hubiera ejercitado. El Sr. Black Horse disfrutaba bastante los cheques gordos y las pizzas de peperoni, en definitiva, de los lujos del mundo corporativo.

A primera vista, el Sr. Black Horse parecía una persona amigable, ligera y, ocasionalmente, humorística. El primer día, llevó a PK a almorzar fuera y no dejó que PK pagara su parte de la cuenta.

—Nuestra oficina se ocupará de esto, ¡no te preocupes!—. El Sr. Black Horse dijo con una sonrisa.

Durante el almuerzo, el Sr. Black Horse le contó a PK que era originario de Delhi y que su familia todavía vivía allí.

—Se siente tan bien volver a casa. Extraño mucho a mi familia— dijo el Sr. Black Horse.

—Entonces, ¿por qué no trabaja en Delhi? —preguntó PK.

—Hum…—. El Sr. Black Horse resopló ante la estupidez inherente a la pregunta y agregó;

—Porque la oficina de Delhi es tan extremadamente poco profesional. No hay cultura de trabajo aquí.

A PK le sorprendió demasiado el tono ligeramente grosero.

Después de todo, el Sr. Black Horse tenía derecho a tener su propia opinión. Pero a PK no le gustó la manera en que el Sr. Black Horse habló de la atmósfera en la oficina de PK en Delhi.

EL SR. BLACK HORSE, PK y un aprendiz más de la oficina de Mumbai tenían que pasar unos días juntos en la oficina del cliente en Delhi revisando acuerdos, asistiendo a reuniones y preparando reportes legales. PK disfrutaba de tener tiempo de descanso los fines de semana, pero el Sr. Black Horse insistía en que PK fuera a la oficina a "terminar el trabajo adelantando a las fechas límite".

Lo extraño es que PK trabajaba los fines de semana completamente solo. El Sr. Black Horse no se presentaba. Y PK se sentía "demasiado junior" como para preguntar dónde estaba su jefe.

Quizás el Sr. Black Horse estaba atendiendo una reunión en algún lado. Un día, PK casualmente revisó en la oficina del cliente si es que el Sr. Black Horse estaba involucrado en alguna otra reunión en otro lugar en Delhi. El oficial le dijo que el Sr. Black Horse en realidad no había llegado a trabajar. Esto solamente significaba una cosa. Su jefe estaba pasándosela muy bien en Delhi, poniéndose al día con su familia mientras que PK trabajaba incluso durante los fines de semana.

LA "PRÁCTICA" AHORA se había vuelto la norma. El Sr. Black Horse no apareció durante la mayoría de los días. Solía venir a las reuniones con el cliente, tarde y sin preparar. PK tenía que dirigir la reunión con cualquier conocimiento que tuviera, que estaba limitado porque este era, después de todo, un "caso de la oficina de Mumbai". Cuando el cliente del Sr. Black Horse preguntó a PK si había algún problema legal, PK lidiaba para señalar algo que él creía sería de interés para el cliente del Sr. Black Horse. Resultó que todo estaba bien con esos asuntos, incluyendo al Sr. Black Horse.

Pero en una reunión privada, el Sr. Black Horse reprimió a PK en frente de otro aprendiz de la oficina de Mumbai.

—Mira, ¡hoy causaste demasiada vergüenza! —le amonestó el Sr. Black Horse.

PK estaba confundido y asombrado.

—¿Por qué señalaste ese asunto legal repetidamente en la reunión? — le preguntó el Sr. Black Horse.

—Creí que ese asunto necesitaba ser atendido si teníamos que proceder con esa transacción corporativa— PK replicó.

—Podías muy bien haber mantenido la boca cerrada. Primero: no hablaste cuando se supone que deberías hablar y, segundo: cuando se supone que te deberías callar, no lo hiciste —, dijo el Sr. Black Horse con aspereza, pero sin que tuviera mucho sentido.

PK permaneció callado pero sintiéndose descorazonado.

MIENTRAS SEGUÍAN ADELANTE con la transacción, PK reparó un día en un extraño error en un documento donde decía que "la Compañía en los últimos 3 años había crecido más del -3%".

«Menos 3%, ¿cómo es eso posible? ¿Se trata de un error de tipografía o es algo mucho más siniestro? Y, ¿Cuál es el error; -3% o la palabra 'crecimiento'?» PK pensó. Como abogado en ciernes, estaba entrenado para localizar todo tipo de posibles problemas, sin importar cuán tontos o extraños parecieran.

—Tengo una pregunta, puede sonar un poco estúpida para usted pero...— PK abordó al Sr. Black Horse.

El Sr. Black Horse estaba ocupado apretando teclas en su laptop. Luego de unos minutos le miró.

—Muéstrame el documento—, dijo el Sr. Black Horse.

PK le mostró la línea del -3%.

—Sí, has hecho una pregunta muy estúpida. ¿Cómo puede ser un menos 3% de crecimiento? — dijo el Sr. Black Horse y volvió a su teclado.

Por un momento PK pensó que el Sr. Black Horse estaba bromeando y trató de obtener más de él. Pero el Sr. Black Horse no mostraba signo alguno de estar bromeando. Estaba serio.

Un poco descorazonado, PK persistió, —tengo más aspectos para señalar.

—Simplemente escríbelo en tu reporte y resáltalo. Lo veré más tarde—, dijo el Sr. Black Horse.

PK hizo eso, para los más de 70 acuerdos y documentos que el Sr. Black Horse le había hecho revisar a PK en un espacio de pocos días. Se trataba de un reporte de cerca de 100 páginas resaltando todos los problemas que PK había notado hasta el momento. PK le envió por correo electrónico ese reporte al Sr. Black Horse.

No hubo comentario alguno por alrededor de dos semanas. PK también le recordó al Sr. Black Horse unas cuantas veces que revisara su reporte y que le diera retroalimentación, pero no hubo respuesta.

Cada noche PK solía circular notas de reuniones, vía correo electrónico, para todos (incluyendo al Sr. Black Horse), los clientes, su equipo, el lado opuesto, etc. Cuando tal correo circulaba, PK invariablemente recibía una respuesta del Sr. Black Horse señalando algún "error" sobre la fuente y su tamaño o algo de similar importancia. No había comentario alguno, sin embargo, sobre algún problema legal substancial.

Poco a poco, la felicidad de PK estaba siendo absorbida como una esponja absorbiendo exceso de agua.

—Quizá cometo demasiados errores en esta profesión— se dijo PK.

La mayoría de los días, PK recibía una llamada del Sr. Black Horse diciendo que no llegaría a la oficina. Unos cuantos días antes de que la transacción estuviera completa, el Sr. Black Horse llamó a PK para una reunión después de las 6 de la tarde. Abrió el reporte de 100 páginas de PK y vio las partes resaltadas.

—ESTAS SON PROBLEMÁTICAS LEGALES MUY SERIAS QUE DEBERÍAN HABERSE TRATADO EN REUNIONES CON NUESTRO CLIENTE. ¿POR QUÉ NOS HEMOS ESTADO DURMIENDO CON ESTO? ¿POR QUÉ NO ME DIJISTE DE ESTOS PROBLEMAS ANTES? NECESITO UNA EXPLICACIÓN—, gritó el Sr. Black Horse.

PK estaba pasmado.

—Yo había intentado de señalárselo pero dijo que no tenía tiempo. Por eso me pidió resaltar todo ello en un reporte y enviárselo por correo electrónico—, PK trató de explicar.

—HAS ESTADO HACIENDO TODO TIPO DE PREGUNTAS ESTÚPIDAS PERO NO HAS TOMADO LOS ASUNTOS MÁS IMPORTANTES EN SERIO. PUDISTE HABER SIDO PRO-ACTIVO. PUDISTE HABER LLAMADO Y PREGUNTADO A LOS OFICIALES DE LA COMPAÑÍA DIRECTAMENTE. NO VOY A ESCUCHAR MÁS EXCUSAS. ESPERABA MEJOR ÉTICA LABORAL DE TU PARTE—, gritó el Sr. Black Horse.

PK se sentía enfermo. El Sr. Black Horse se dio cuenta de esto.

—Oye ¡relájate! Cálmate. Parece que te estresas con mucha facilidad. Quizá deberías inscribirte en una clase de Yoga—, aconsejó el Sr. Black Horse.

PK asintió con la cabeza. No había mucho más que decir.

El Sr. Black Horse primero le pidió a PK una impresión del reporte de 100 páginas. Luego hizo que PK se sentara frente a él mientras hacía los cambios con una pluma roja. Entonces le "ordenó" a PK que hiciera todos esos cambios esa noche, sentado en la oficina y que se lo entregara al Sr. Black Horse después de medianoche.

PK humeaba por dentro. ¿Por qué debía echar a perder su noche trabajando cuando podía haber trabajado antes y tenerlo listo desde hacía quince días? PK también se sentía extremadamente ansioso, cansado, deprimido y desgastado. Necesitaba un descanso.

Así que le preguntó al Sr. Black Horse que ya que no se estaba sintiendo bien, ¿podría realizar esta tarea en casa? Con un poco de duda, y dado que no quería hacer este trabajo "servil" él mismo, el Sr. Black Horse estuvo de acuerdo a regañadientes.

En ese momento, el Sr. Black Horse recibió una llamada de su colega Senior en la oficina de Mumbai, criticándole con severidad por haber "desperdiciado" más de 20 días en Delhi, y pidiéndole volver de inmediato. El Sr. Black Horse no tuvo más opción que cumplir y partió con el siguiente vuelo disponible.

La siguiente mañana cuando PK llegó a la oficina, otro socio (uno de los grandes jefes de PK en la oficina de Delhi, y popularmente referido como el Sr. Blood Sucker) se dio cuenta que el Sr. Black Horse ya no se encontraba allí. Así que inmediatamente dejó caer una impresionante cantidad de trabajo para PK, ni siquiera remotamente ligado al proyecto del Sr. Black Horse.

Alrededor de media noche, aquel día, el Sr. Black Horse llamó a PK desde Mumbai, insistiendo que PK terminara el trabajo para ese día. PK le dijo que no era posible ya que ahora debía dar prioridad al trabajo impuesto por su jefe de Delhi. PK también escribió un correo al Sr. Black Horse explicando esto.

Lo que iba a suceder, sería probablemente un enorme error por parte de PK.

El Sr. Black Horse llamó inmediatamente a PK gritándole. PK trató de explicar que se trataba de un trabajo servil que probablemente podía ser manejado por algún mecanógrafo, pero fue en vano. PK estaba perdiendo la paciencia, al haber sido tratado como un esclavo de la oficina de Mumbai. Así que decidió colgar y poner su teléfono en modo de silencio.

De pronto un correo electrónico apareció en la bandeja de entrada de PK. Era del Sr. Black Horse. El correo también había sido enviado a dos socios administrativos (Los jefes de PK y del Sr. Black Horse) de las oficinas de Mumbai y de Delhi y decía:

"No puedo comprender esto PK. Como previamente le mencioné, el trabajo que requería hacerse era revisar los resúmenes preparados por usted.

Íbamos a hacer esto el jueves en la noche pero usted insistió en que tenía que ir a casa, a lo que yo respondí que podíamos hacer esto el viernes en la mañana. El viernes probablemente se sentía usted enfermo, lo que está bien si estaba usted genuinamente indispuesto y, por lo tanto, no le hubiera pedido ningún trabajo hasta que se recuperara. El lunes al medio día, luego de haber discutido, usted dijo que enviaría las partes revisadas el martes por la mañana. Luego, recibí el siguiente correo de su parte. Después de esto he tratado de localizarlo. Incluso le dejé varios mensajes anoche para que me llamara. Usted no se ha molestado en responder ninguna de esas llamadas. Justo ahora que logro comunicarme por medio de su teléfono, ¡¿usted me dice que no me ha respondido porque no tiene nada más que agregar a su correo electrónico?! Luego de eso, nuevamente, se ha vuelto no localizable.

Estoy completamente fuera de entender esto. Por favor, hágame saber para cuándo puedo esperar los resúmenes revisados.

Sr. Blarck Horse"

PK estaba atónito. El Sr. Black Horse con seguridad había agrandado el asunto, con una frívola narración de los eventos, PK no podía decidir si debía guardar silencio o no. En cualquier caso, necesitaba un poco de tiempo para pensar con frialdad en las implicaciones de responder o ignorar.

Ya eran las 7:30 de la tarde. Así que PK decidió posponerlo un día y se fue a casa. Los miembros de su familia se dieron cuenta de que algo no estaba bien. PK no parecía el mismo de siempre.

—¿Cuál es el problema? — preguntó el padre de PK. PK se sintió profundamente avergonzado y no dijo nada. Luego de un momento PK abrió su laptop y mostró el correo electrónico a su padre.

—Todo es mi culpa. Mi jefe piensa que soy un remolón—, dijo PK.

Sin embargo, el padre de PK supo en un instante que el asunto NO se trataba en realidad del trabajo, sino de un juego de poder. Tras haber pasado 30 años como sirviente civil él sabía cómo operaban los jefes.

—Hijo, necesitas responder a este correo de inmediato. En las oficinas corporativas en todo el mundo, el que se queja primero es el que se escucha más fuerte. Y aquí el Sr. Black Horse ha tomado la iniciativa. Entonces, esta es tu oportunidad para hablar. Di a tus superiores por todo lo que has pasado y quién es el verdadero culpable—, le aconsejó su padre.

PK estaba pasmado. Su padre lo apoyaba, en lugar de criticarlo por hacerse el tonto.

—Pero no se considera correcto culpar al jefe. Eso no sería algo aceptable. No seré considerado como un jugador en equipo—, PK estaba vacilante.

—¿Quién dice que estás culpando a tu jefe? Simplemente estás diciendo tu versión de la historia de modo que tus superiores tengan una imagen completa de lo sucedido—, dijo el padre de PK.

—Si no defiendes tus derechos, ¿Quién lo hará? —continuó el padre de PK.

—¿Qué pasa si pierdo mi empleo? — dijo PK.

—Si no lo enfrentas, definitivamente perderás tu empleo. Tus superiores pensarán que eres el culpable. Un remolón—, dijo el padre de PK. —Tu jefe es un verdadero abusivo en todo sentido del término. Hijo, siempre comprende que los abusivos pueden parecer muy fuertes pero en realidad son muy débiles y poco profundos en su interior. Se alimentan de tu miedo. Es lo que los hace continuar. Entonces, nunca sucumbas ante el abuso.

Este fue el último consejo del padre de PK.

Pk accedió dubitativo. Luego bosquejó un correo electrónico. Esperó por una hora para rumiar las cosas. Luego le dio al borrador un vistazo general, para asegurarse de que todo se viera apropiado y profesional, y no como una diatriba.

PK entonces lo envió. El correo electrónico leía:

"Estimado Sr. Black Horse

Si usted hubiera, amablemente, respondido, yo le hubiese enviado estas notas quince días antes. Desafortunadamente, usted no tuvo el tiempo para revisarlos ya que no se hizo presente en la oficina durante el Festival Hindú de Ganech Chaturthi (que entiendo que se trata de un día festivo para usted en la oficina de Mumbai pero se trata de un día laboral, para nosotros, en la Oficina de Delhi). Entonces, el 7 de septiembre de 2011, cuando la explosión de una bomba tuvo lugar, usted nos dijo que como resultado de la explosión, Central Delhi se cerró y también la Oficina de Delhi se cerraría pronto. Sin embargo, estábamos en la Oficina de Delhi y continuamos trabajando independientemente. Del mismo modo en que estuvimos trabajando en la Oficina de Delhi, incluso en un sábado en que no se debía trabajar (como el 28 de agosto de 2011), usted continuó indispuesto para cualquier comunicación o consulta. También había usted prometido que revisaría mis notas y me enviaría los comentarios ese mismo día. Nada vino de su parte. El jueves, cuando se suponía que estaría listo con sus comentarios a las 2 p.m. ni siquiera había comenzado a revisar mis notas. Por lo tanto, hemos perdido el tiempo.

Mientras tanto, el mismo lunes (12 de septiembre), el Sr. Blood Sucker, Socio (y mi superior) me contactó directamente y me dio otra labor. Yo le había dicho a usted muy claramente que yo no podría, por lo tanto, atender a su trabajo porque estaba ocupado con esta nueva tarea. Sin embargo, cuando usted insistió, hasta el punto de ser abusivo, le dije que haría lo posible para enviar la revisión el martes por la mañana. Cuando eso no fue posible, me vi obligado a informarle que no podría atender su asunto.

Saludos,

PK”

PK salió a caminar y no supo las repercusiones de lo que sucedería. Luego de media hora, cuando revisó su correo electrónico, encontró su bandeja de entrada inundada de correos. Había uno del Sr. Black Horse donde intentaba justificar que nunca había sido su intención ser abusivo.

«¿En realidad?» PK pensó.

Luego había unos cuantos correos electrónicos de parte del Socio del Sr. Black Horse, su jefe, pidiéndole que no dijera más y que dejaran ambos, tanto él como PK de culparse. PK encontró este correo sorprendente y refrescante.

Esta socia luego pidió a PK ponerse en contacto con ella directamente. PK lo hizo con dedos temblorosos. Pero la socia era como una Hada Madrina. Escuchó pacientemente a todo lo que PK dijo y luego le pidió que se tomara un tiempo para concluir la tarea y que se la diera directamente a ella sin sentir cualquier tipo de presión indebida. PK hizo exactamente eso y puso fin a todo.

PK pudo, sin embargo, sentir que la Sra. Hada Madrina pudo haber recibido las mismas quejas sobre la conducta abusiva del

Sr. Black Horse viniendo de otras fuentes. Los comentarios en la oficina indicaban que sus subordinados se tomaban demasiados días por incapacidad médica. Había una caída general en el desempeño y motivación en el equipo del Sr. Black Horse mientras que se ocupaba de contar todo tipo de historias a la Sra. Hada Madrina sobre los estándares cayendo entre los reclutas recientes. En general, la conducta del Sr. Black Horse estaba teniendo un efecto negativo en el desempeño y, consecuentemente, en los márgenes de ganancia de la Firma.

El reloj avanzaba. Luego de unas cuantas semanas, todos recibieron un correo electrónico de rutina informando que el Sr. Black Horse tuvo que "renunciar para buscar mejores oportunidades en otro lugar". Como todo mundo sabía, esto en el mundo corporativo es un eufemismo para decir que ha sido despedido.

Mirando hacia atrás, PK estaba sorprendido de haber reunido algo de valor para enfrentarse a un abusivo de oficina tan grande. Su padre estaba todavía más complacido de que su hijo hubiera mantenido el control en esas tensas condiciones y que hubiera resuelto el problema a su propia manera, pacífica y tranquila.

"Si eres horrible conmigo, voy a escribir una canción sobre ello, y no te va a gustar. Así es como yo opero."

— Taylor Swift

(¡Adivinaste! Esta es una historia verdadera y el protagonista es tu seguro servidor, Prasenjeet Kumar o PK.)

Una chica tranquila le enseña a los abusivos una lección a su propia manera tranquila

Sara era una pequeña niña de nueve años. Sus profesores la consideraban dolorosamente tímida, demasiado tímida para su propio bien. Sus compañeros consideraban su timidez como "estupidez" o falta de inteligencia.

— ¿Por qué Sara es tan callada? — preguntó un compañero de clase.

—Quizás porque no tiene nada que decir — dijo otro compañero riendo muy fuerte.

Sara era considerada como una pizarra escolar con nada escrito. Una pizarra en blanco. Recibía bromas constantemente y la llamaban la Srta. Pizarra Blanca.

Sara era muy sensible a los comentarios malvados. Ella no sabía cómo reaccionar a las burlas de sus compañeros. Una vez, Sara trató de hablar con su profesor, pero éste le dijo que los otros niños le hacían burlas porque no tenía amigos y que le hacían falta habilidades sociales. Se le aconsejó salir, socializar y ser más amigable con sus compañeros.

Sara intentó hacer eso pero, nadie quería jugar con la Srta. Pizarra Blanca. Era totalmente excluida de todos los grupos de chismes y de estudio.

"¿Acaso soy tan mala que nadie quiere ser mi amigo?" Reflexionó Sara.

Deprimida y cansada de tratar de complacer a los demás, Sara decidió que lo mejor sería seguir adelante sola y ser su mejor amiga. La solitud o, como la sociedad la llama, "la soledad" trae consigo los regalos de la libertad e independencia. La independencia de uno mismo, ella razonó.

En su tiempo libre, Sara disfrutaba de leer libros de fantasía. La naturaleza heroica de los personajes ficticios en los libros la fascinaba. Ella quería ser como esos personajes ficticios y no encontraba a nadie en la escuela que fuera así, su noción ideal de un amigo.

Sara tenía un don más del que no era consciente. Su mente introvertida tenía la habilidad de retener una enorme cantidad de información, mucho más que sus contrapartes. En la escuela podía resolver cuestiones matemáticas complejas en su cabeza.

Sara tenía otra fascinación más: el ajedrez. Había aprendido a mover las piezas a la edad de cinco años. Su padre era un ávido jugador y apoyaba mucho a Sara. Ella apreciaba que su hija fuera diferente, incluso única. Se dio cuenta de que Sara mostraba algo de interés en aprender ajedrez. Así que le enseñó a jugar de una manera única.

El ajedrez de Sara se jugaba sin reyes o reinas, alfiles, caballos o torres. Ambos lados solamente usaban peones para moverse y ganar. La única regla que Sara tenía que seguir era que solamente debía mover sus peones más allá del tablero, superando obstáculos del otro lado, para ganar. Sara disfrutaba de los retos intelectuales que suponía el juego.

Por otra parte, Sara amaba retarse a sí misma. A la edad de dos años, podía resolver rompecabezas complejos. Antes de cumplir cuatro, podía armar Lego de modelos avanzados que solamente podían armar los adolescentes. En su clase, Sara conocía las banderas y la población de todos los países del mundo. Estaba también dotada de una formidable memoria.

Mientras que sus compañeros estaban ocupados con chismes sobre el nuevo chico o chica de la escuela, Sara leía libros sobre teorías avanzadas de ajedrez y podía imaginar los movimientos en el tablero. Esta era su nueva "revista de entretenimiento". Pasaba horas leyendo libros de ajedrez y no se detenía hasta internalizar todos los movimientos.

Sara era experta en historia del ajedrez y en los movimientos y técnicas de todo tipo de jugadores. A partir de unos cuantos movimientos de apertura, podía identificar si el jugador estaba haciendo un movimiento Adams-Huebner o un Kasparov-Fischer, o alguna estrategia de ajedrez empleada por alguno de los grandes maestros. Incluso conocía la debilidad de una estrategia en particular y las maneras de contraatacarla.

Una vez un niño en el salón de Sara llevó un tablero de ajedrez y las piezas y retó a alguien en el salón a ganarle. Pronto encontró un competidor. Sara observaba en silencio el juego. Para ella, los chicos parecían completos aprendices. Como un niño de un año que aprende a caminar. El competidor del niño estaba perdiendo muy mal y se estaba poniendo triste. Sara decidió ir al rescate del niño.

—Mira quién viene—, dijo el niño con sarcasmo.

Sara ofreció ayuda al niño competidor y le dijo qué piezas mover, y en qué orden. El niño competidor siguió el consejo de Sara con algo de duda. En pocos movimientos, el competidor pudo ganarle al otro niño. Esto dejó a la clase entera asombrada. La Srta. Pizarra Blanca estaba mostrando su talento oculto. Esto le dio a Sara confianza extrema en su habilidad para convertirse en maestra de ajedrez.

Decidió enrolarse en la competencia de ajedrez de su escuela. Ningún niño podía siquiera acercarse a Sara. Con mucha facilidad podría haber sido profesora de ajedrez a los nueve años. Cada vez que ganaba, Sara se volvía más y más popular en su clase. Se convirtió en el último chisme, la nueva leyenda descubierta. Finalmente ganó el campeonato de ajedrez escolar, venciendo a estudiantes que eran incluso cuatro años mayores que ella. Permaneció invicta en todos los juegos que jugó.

Sara pronto se convirtió en la heroína de su case. Los abusivos dejaron de molestarla. Incluso querían ser sus amigos. Cualquier fiesta de cumpleaños era considerada incompleta sin ella. Su opinión en grupos de discusión y de chisme era la que más importaba. E incluso los chicos comenzaron a encontrarla atractiva. De ser "nadie", Sara se convirtió en la chica más popular de la escuela.

Esta fue la manera silenciosa en que Sara calló a los abusivos que la molestaban. Su paciencia, perseverancia y agallas para andar por sí misma rindieron fruto al final.

"Para estar abiertos a la creatividad, uno debe tener la capacidad del uso constructivo de la solitud. Uno debe superar el miedo de estar solo".

—Rollo May

(Esta historia está en parte inspirada por Magnus Carlsen, que es un jugador noruego de ajedrez, No. 1 en la lista de jugadores del mundo y campeón mundial de ajedrez actual en modalidad clásica, rápida y relámpago. Su mejor rango es de 2882, el más alto de la historia.

Un prodigio de ajedrez, Carlsen se convirtió en un Grandmaster en 2004, a la edad de 13 años y 148 días, haciéndolo hasta el momento el segundo grandmaster más joven de la historia. El 1 de enero del 2010, a la edad de 19 años y 32 días, se convirtió en el jugador de ajedrez más joven de la historia en ser posicionado como el número uno. En noviembre del 2013, Carlsen venció a Viswanathan Anand nuevamente.

Un "Aburrido Niño Tranquilo e Ingenioso" se convierte en un científico inmortal

Al era un niño calmo, soñador, lento, pero seguro de sí mismo y determinado. El mayor problema en su niñez era su "silencio". Fue lento para aprender a hablar; tan lento que sus padres pensaron que su hijo tenía una discapacidad para hablar, e incluso consultaron a un doctor. A la edad de siete años, Al solía repetirse sus oraciones o, en otras palabras, "hablar solo". Esto hizo que sus amigos, vecinos, miembros de la familia y familiares se preguntaran si no era, de alguna manera, tonto.

En la escuela, Al tuvo problemas para ajustarse a los métodos de enseñanza convencionales. No le gustaba el hecho de que las escuelas promovieran la mentalidad de obediencia incuestionable y disciplina insensible. Al era lento para dar "respuestas automáticas rápidas", un criterio que los profesores usaban para evaluar el talento y el 'valor' de los estudiantes. Al nunca fue considerado un estudiante ideal. ¡Un profesor incluso fue lo suficientemente hiriente como para decirle a Al que nunca conseguiría nada en la vida!

Sin embargo, Al tenía su propio mundo. Amaba la soledad. Los números y las notas musicales llenaban su universo. Mientras que sus compañeros jugaban en el patio, Al resolvía problemas aritméticos y tocaba el violín. Algunos psicólogos llegaron a preguntarse si Al era disléxico, autista o tal vez esquizofrénico.

Sin embargo, Al tenía ciertos dones de Dios que nadie más tenía; una sorprendente habilidad para el autoaprendizaje y la concentración. A la edad de 12 años, Al disfrutaba de resolver problemas complicados en aritmética aplicada. Él creía que podía saltar hacia adelante algunas materias escolares y aprender geometría y álgebra por su cuenta. Sus padres eran amables y lo apoyaban lo suficiente como para comprarle los libros de texto por adelantado, de manera que pudo dominarlos en las vacaciones de verano. No solamente Al aprendió las pruebas de los libros, sino también intentó probar nuevas teorías por su cuenta. Incluso obtuvo su propia manera de probar el teorema de Pitágoras.

A la edad de 15, Al resolvía complejas ecuaciones matemáticas que nadie más podía, incluyendo sus profesores. En clase, siempre lograba las notas más altas. Sin embargo, era considerado un "brillante fracasado" por sus profesores.

Al también tuvo otra habilidad fenomenal, una habilidad que pudo hacerlo inmortal. Era su capacidad para pensar en términos de imágenes más que de palabras. ¡Qué extraño! Uno podría decir.

Esto significaba que Al podía llevar a cabo experimentos de manera visual en su cabeza, más que en el laboratorio. ¿Alguna vez te has imaginado cabalgando al lado de un rayo láser? ¿Cómo aparecerían las ondas de luz para ti? ¿Los rayos de luz aparecerían estacionarios para ti, si estuvieras viajando a la misma velocidad que la luz; algo que sucede comúnmente si dos trenes corren en vías paralelas a la misma velocidad y ocurre que tú te sientas en uno de ellos?

Esto es exactamente todo lo que Al imaginaba en su mente cuando tenía solamente 16 años.

Por otro lado, Al imaginaba un rayo de luz golpeando dos terminaciones de un tren en movimiento. ¿Cómo verías el golpe del rayo si estuvieras de pie en un terraplén? ¿No verías los rayos golpeando el tren simultáneamente? Probablemente no. Lo verías como si sucediera en dos momentos diferentes.

Entonces, cómo ves las cosas, teorizó Al, depende de dónde estás parado o sentado y de tu estado de movimiento. Por lo consiguiente, tu percepción es relativa.

Un descubrimiento científico innovador estaba por hacerse. Al se dio cuenta de que no existe algo como el tiempo absoluto. El tiempo es relativo. La imaginación súper activa de Al le llevó al nacimiento de la, entonces desconocida, 'Teoría de la relatividad'.

Estoy seguro de que ya habrás adivinado hasta ahora quién es Al en nuestra historia.

Sí, se trata del notable físico Albert Einstein.

En 1921, Einstein se convirtió en el ganador del Premio Nobel, "por sus servicios a la física teórica y, especialmente, por su descubrimiento de la ley de efecto fotoeléctrico".

Sus teorías científicas, la teoría cuántica y de la relatividad, tuvieron un impacto profundo, no solamente en la manera en que vemos la ciencia sino también sobre la filosofía y la moralidad.

Pero, ¿Sabías que Einstein demostró las fortalezas clásicas de un introvertido? Los introvertidos tienen un tino para el autoaprendizaje y así lo tuvo Einstein. Él aprendió geometría y álgebra por su cuenta.

Los introvertidos se supone que tienen un mundo más rico. Einstein lo tuvo también. Su mundo interno rico lo llevó a descubrir la relatividad. Todavía más, Einstein utilizó su poder de concentración (que es otro don de ser tranquilo) para hacer un progreso estelar.

Muchos rumores fluyen alrededor de que Einstein era disléxico, sufría de problemas de aprendizaje, era medio autista o incluso esquizofrénico. Sin embargo, estos rumores han sido descartados por carecer de bases. Einstein tenía la habilidad de elegir nuevos idiomas, y aprender violín y muchas disciplinas científicas por su cuenta. Así que no había posibilidad alguna de que tuviese problemas de aprendizaje.

Una persona es considerada autista si está socialmente alejado, falto de empatía por sus iguales y no puede tener una relación social normal con los demás. Einstein podía hacer amigos en la escuela y tener empatía por sus pares. Su 'problema' era que prefería trabajar en soledad pero eso no lo convertía en autista.

"El verdadero signo de inteligencia no es el conocimiento sino la imaginación"

—Albert Einstein

Lecciones que todos los introvertidos emprendedores pueden aprender

Existe un mito popular de que los introvertidos no pueden ser tan exitosos como sus contrapartes extrovertidas en lo que respecta al o ascender a nivel ejecutivo. Los introvertidos son lentos en la toma de decisiones, y asistir a demasiadas conferencias y reuniones los agota. Sin embargo hay demasiados emprendedores introvertidos exitosos que van desde Bill Gates hasta Mark Zuckerberg.

¿Cómo es eso posible?

Los introvertidos tienen sus propios poderes que, si los aprovechan al máximo, pueden llevarlos a la cima. No hay mejor ejemplo para demostrar esto que la historia de un chico que nació en Chicago, Illinois en 1901.

Este chico tuvo una infancia problemática. Su padre era abusivo y creía en el tanto en el castigo corporal que los hermanos de este joven huyeron de casa. El chico, como un típico introvertido, vivió en un mundo propio. Su mundo comprendía dibujos, caricaturas, animaciones y bosquejos. Desde la edad de cuatro años, dibujaba y vendía sus caricaturas a los vecinos. Su padre despreció el talento de su hijo simplemente como una fantasía escolar que nunca podría verdaderamente servirle de algo.

Siendo un joven adulto, el chico fue lo suficientemente atrevido como para abandonar la preparatoria y perseguir una carrera en animación. Brevemente, también trabajó en una agencia de periódicos y fue despedido por su "falta de imaginación e ideas".

Una mañana, en un viaje de tren de New York, el chico, ahora un hombre, hizo el dibujo de un ratón gigante que usaba pantaloncillos y pensó que tenía un gran potencial para ser un personaje de caricatura animada popular. Ningún banco estaba dispuesto a respaldar su proyecto porque pensó que la idea era absurda. Cerca de 300 bancos rechazaron su proyecto pero eso no detuvo al hombre de perseguir su misión.

¿La historia te suena familiar de alguna manera?

¿Qué hombre tendría el valor de continuar luego de sufrir 300 rechazos?

Tú lo harías, si fueras Walt Disney y si el ratón de caricatura, que ya habrás correctamente adivinado quién es, ahora, fuera Mickey Mouse.

"Todos nuestros sueños pueden hacerse realidad, si tenemos el valor de perseguirlos", dijo Walt Disney. Él se encontró con fracaso tras fracaso y, sin embargo, nunca se dio por vencido. Como un clásico introvertido, Walt Disney, creía en la persistencia.

Walt Disney primero formó su Compañía de Animación en Kansas City en 1921. Aunque ciertos problemas con distribuidores sin escrúpulos llevaron a la Compañía a disolverse, y Disney se quedó sin dinero para pagar la renta o la comida. Se vio obligado a partir hacia Los Ángeles con solamente $40 dólares, y una maleta con sólo una camisa, dos prendas de ropa interior, dos pares de calcetines y materiales de dibujo.

En 1927, Walt Disney y su equipo crearon un carácter conocido como "Oswald el Conejo Afortunado", pero una cláusula en el contrato de Disney hizo que sus distribuidores se quedaran con los derechos del personaje. Un fenómeno común en el mundo artístico. Walt Disney no recibió ningún crédito. Sus distribuidores incluso "robaron" el personal de Disney excepto por su amigo Ub Iwerks. Disney estaba devastado pero declaró que "nunca más volveré a trabajar para alguien".

Como exitoso emprendedor, Walt Disney aprendió de sus errores. Para el momento en que salió su nuevo personaje Mickey Mouse, se aseguró de poseer todos los derechos de sus personajes de caricatura.

"Un ratón gigante en la pantalla aterrorizaría a las mujeres", fue la reacción de los estudios MGM cuando Walt se acercó a ellos para distribuir Mickey Mouse en 1927. Hoy Mickey Mouse es una marca de un billón de dólares. Verdaderamente, la formidable carrera de Disney despegó gracias a un ratón.

En los cuarentas, Pinocho so convirtió en una empresa extremadamente cara. Disney empleó millones de dólares para recrear la historia y agregar efectos especiales y sonido. Al final, Pinocho perdió millones de dólares luego de su primer lanzamiento.

En 1942, salió Bambi. La más poderosa e inolvidable escena en que la madre de Bambi recibe un disparo fue considerada entretenida por la audiencia. Walt tuvo que concluir que probablemente la era de la Segunda Guerra Mundial no era el mejor momento para lanzar una película sobre amor en venados.

De manera personal, Walt tuvo que sufrir de accesos de ira, inmensa frustración y depresión. Hubo ocasiones en que su futuro parecía extremadamente triste e incierto. Sin embargo Disney tenía una visión. Esa visión lo llevó a la creación de Disneylandia.

Disney tuvo una relación disfuncional con su padre y sin embargo, estaba determinado a crear 'el lugar más feliz sobre la tierra' para padres e hijos. Le tomó cerca de siete años completar su proyecto, mientras que mucha gente se hubiera dado por vencida luego de un año. Después creó parques acuáticos, hoteles y lugares de descanso. Disney siempre estuvo enfocado en la totalidad de su sueño.

Walt Disney una vez admitió que "estaba muerto de miedo" cuando tuvo que enfrentar a la cámara para presentar los episodios de las series de televisión de Disneylandia. Sin embargo, nada pudo detenerlo de perseguir sus ambiciones. Disney había visto de todo en su carrera: pobreza, depresión, ideas robadas, la muerte de su amada madre, invenciones de los que se burlaron, y otros.

Disney terminó ganando un total de veintiséis premios de la Academia, y tiene el récord de mayor cantidad de premios de la Academia en la historia. Recibió veintidós competitivos Premios de la Academia de un total de cincuenta y nueve nominaciones. Disney también mantiene los récords de victorias y de nominaciones para un individuo en la historia.

III: Viviendo tus sueños

¿No estas contento con tu empleo actual?

¿Sientes que tu empleo es demasiado estresante o que no concuerda con tu temperamento?

¿Qué pasaría si perdieras tu empleo pero no supieras si verlo como una maldición o una bendición?

En esta parte final, te traigo una historia sobre un introvertido que cambió su carrera de acuerdo a su temperamento. Por favor, no tomes esta historia como un consejo para cambiar de carrera.

Qué es más importante: ¿La felicidad y el amor, o el dinero y el estrés?

Martha se unió a la división de mercadeo de una compañía pequeña. El empleo sonaba como una profesión lucrativa con un salario y prestaciones decentes. En un primer momento, Martha pensó que era el empleo perfecto para ella.

Sin embargo, había un problema. El empleo no estaba en sincronización con su personalidad introvertida. La profesión recompensaba a los que hablaban primero y rápido, hablaban en voz alta, eran agresivos y aquellos que siempre estaban en el centro de la escena.

Martha trabajó de manera callada, detrás de los escenarios y ni siquiera fue tomada en cuenta como compañera en equipo, lo que sea que eso signifique. También tuvo que trabajar con jefes abusivos y constantemente estaba sujeta a ataques, apodos y amenazas de despido. La profesión estaba matando lentamente a Martha, día tras día.

Quien alguna vez fuera una trabajadora entusiasta, ahora solía tener lágrimas en los ojos mientras partía hacia la oficina los lunes en la mañana. Trataba de hablar con sus compañeros sobre el abuso de su jefe pero se le aconsejó soportar ese tipo de conducta.

—Tu jefe habla fuerte pero no habla en serio. Es una de las personas con más experiencia en la industria y estoy seguro de que aprenderás mucho de él a la larga—, le aconsejó a Martha uno de sus compañeros.

—Bueno, así es como la industria opera. Es parte del disciplinar a los empleados. Y todavía es mejor que la m**rda que sucede en otros lugares—, se conmiseró otro.

— ¿Por qué no renuncias y encuentras otra cosa que se ajuste a tu naturaleza?— le aconsejó un tercero.

Martha no sabía qué hacer o a quién escuchar. Luego de 12 a 14 horas de trabajo al día, tenía dificultad para dormir en la noche. Mientras viajaba hacia el trabajo, se solía sentir mareada. Sus manos temblaban mientras hablaba con sus jefes y colegas, lo que la avergonzaba. Estaba padeciendo de terribles dolores de espalda. Martha estaba agotada. En sus días de universidad, disfrutaba salir a caminar pero ahora se sentía exhausta todo el tiempo. Martha no se daba cuenta que estaba mostrando los primeros signos del colapso nervioso.

—¿Qué pasaría si mi jefe me despidiera? — Martha se decía continuamente.

Entonces el día llegó en que los temores de Martha se volvieron realidad. Se le pidió que encontrara otro empleo. Martha se sintió un poco aliviada de que no tuviera la necesidad de lidiar con sus jefes abusivos ni un día más, pero también estaba preocupada por su futuro.

Al recibir las prestaciones del despido. Martha quería tomarse un tiempo libre. Había escuchado de los maravillosos beneficios del yoga en el manejo de estrés y quería darle una oportunidad. Se unió a un centro de Yoga y pronto aprendió varias posiciones, ejercicios de respiración y meditación. El yoga no solamente la ayudó a mejorar su flexibilidad, balance y dolores de espalda, sino que los ejercicios le hicieron comprender su verdadero yo.

Martha se dio cuenta de que no estaba hecha para la jungla corporativa en que la supervivencia solamente del que habla más y más fuerte, del que es agresivo y molesto está garantizada. La vida era demasiado corta para eso. También se dio cuenta de que la misión de su vida era ayudar y cuidar a otros que enfrentaran problemas mentales y de salud. Su propósito ahora era ayudar a aquellos que, como ella, estaban atrapados en su empleo y teniendo que vivir problemas de un colapso nervioso, noches de insomnio y dolores de espalda. El yoga le abrió una nueva posibilidad. Su nueva carrera la estaba esperando.

Martha ahora quería ser maestra de Yoga. Completó un entrenamiento de 200 horas para certificarse como un maestro de Yoga. Se dio cuenta de que es más fácil tener un empleo en un pueblo pequeño que en una gran ciudad cosmopolita. Así que se fue a vivir a un pueblo pequeño localizado en las montañas con enormes pastizales, riscos con nieve, rosas rojas y lagos azules. Ahí, Martha comenzó a enseñar yoga a sus estudiantes.

La vida no era fácil. Martha tuvo que vivir en un pequeño departamento, vender su televisión y dejar de comer fuera. Sin embargo Martha estaba feliz de lo que estaba haciendo. Ahora no tenía noches de insomnio. Su temblar había desaparecido. Sus dolores de espalda se fueron y se sentía en forma como nunca. Mentalmente estaba, por mucho, en paz consigo misma.

—¿Cuál era el punto de un empleo bien remunerado si solamente iba a pagar tus futuras cuentas médicas y sobre todo cuando la causa de tu problema de salud era el empleo mismo? — Se preguntaba Martha.

El yoga invocó su lado creativo y ahora estaba enfocada más en conectarse con las personas y escuchar a su corazón. Sus estudiantes la amaban.

Martha sentía que habría un momento en que el dinero también fluiría.

Y que el dinero no solamente vendría de tiranizar a empleados de categoría *junior* sino del amor y profundo cuidado que sentía por los demás.

Libros del autor en la serie Fénix tranquilo

CELEBRANDO A LA GENTE RESERVADA: HISTORIAS INSPIRADORAS PARA PERSONAS INTROVERTIDAS Y ALTAMENTE SENSIBLES

FÉNIX TRANQUILO: UNA GUÍA PARA QUE EL INTROVERTIDO CREZCA EN LO PROFESIONAL Y EN LA VIDA

FÉNIX TRANQUILO 2: DEL FRACASO AL ÉXITO (MEMORIAS DE UN NIÑO INTROVERTIDO)

CELEBRANDO A LOS LÍDERES RESERVADOS: HISTORIAS EDIFICANTES DE LÍDERES RESERVADOS QUE CAMBIARON LA HISTORIA

CELEBRANDO A LOS ARTISTAS RESERVADOS: HISTORIAS EMOCIONANTES QUE EL MUNDO NO PUEDE OLVIDAR

Libros del autor en la serie " Auto-publicación sin gastar un céntimo"

CÓMO SER ESCRITOR EMPRENDEDOR SIN GASTAR UN CÉNTIMO

CÓMO TRADUCIR TUS LIBROS SIN GASTAR UN CÉNTIMO

CÓMO COMERCIALIZAR TUS LIBROS SIN GASTAR UN CÉNTIMO

Libros del autor en la serie Cocinando en un Periquete

RECETAS DE COCINA CASERA INDIA PARA HACER EN UN PERIQUETE

COCINA SALUDABLE EN UN PERIQUETE: UN MANUAL COMPLETO ANTI MODA, ANTI DIETA

LA GUÍA DEFINITIVA PARA COCINAR LEGUMBRES AL ESTILO INDIO

COMO APRENDER A COCINAR EN UN PERIQUETE INCLUSO SI JAMÁS HAS HERVIDO UN HUEVO

CÓMO ELABORAR UN MENÚ COMPLETO EN UN PERIQUETE

LA GUÍA DEFINITIVA PARA COCINAR POLLO AL ESTILO INDIO

LA GUÍA DEFINITIVA PARA COCINAR EL PESCADO AL ESTILO INDIO

Conecta con el autor

———

También me encantaría conectar contigo en Medios Sociales. Sígueme en:

Facebook[1]

Twitter[2]

Google Plus[3]

Goodreads[4]

Contacta con el autor: prasenjeet@publishwithprasen.com

Si tienes alguna pregunta sobre el autor o sus libros en el idioma español, contacta con: Marcela Gutiérrez aralan3@hotmail.com

---

1. https://www.facebook.com/prasenjeet.kumar.925

2. https://twitter.com/PublishWithPras

3. https://www.google.com/+PrasenjeetKumarAuthor

4. https://www.goodreads.com/prasenjeet

Sobre el Autor

―

Prasenjeet Kumar es un graduado de Leyes de la University College London (2005-2008), London University y graduado con Honores en Filosofía del St. Stephen College (2002-2005), de la Universidad de Delhi. Además, tiene un Diploma en Práctica Legal del Colegio de Leyes de Bloomsbury, Londres.

Prasenjeet ama la comida gourmet, la música, las películas, el golf y viajar. Ya ha cubierto diecisiete países que incluyen Canadá, China, Dinamarca, Dubái, Alemania, Hong Kong, Indonesia, Macao, Malasia, Sarja, Suecia, Suecia, Tailandia, Turquía, Reino Unido, Uzbekistán y los Estados Unidos.

Prasenjeet es diseñador de autoaprendizaje, escritor y editor, así como orgulloso propietario del sitio web www.cookinginajiffy.com/ que ha dedicado a su madre y de www.publishwithprasen.com donde comparte consejos para publicar por uno mismo.